كإنّي ببُصّ في المِرايَة

كتبِتْها نورْهان سابِق

Like Looking in a Mirror

Egyptian Arabic Reader – Book 1

by Nourhan Sabek

lingualism

ISBN: 978-1-949650-11-2

Written by Nourhan Sabek

Edited by Matthew Aldrich

English translation by Mohamad Osman

Cover art by Duc-Minh Vu

Audio by Heba Salah Ali

website: www.lingualism.com

email: contact@lingualism.com

Introduction

The **Egyptian Arabic Readers** series aims to provide learners with much-needed exposure to authentic language. The fifteen books in the series are at a similar level (B1-B2) and can be read in any order. The stories are a fun and flexible tool for building vocabulary, improving language skills, and developing overall fluency.

The main text is presented on even-numbered pages with tashkeel (diacritics) to aid in reading, while parallel English translations on odd-numbered pages are there to help you better understand new words and idioms. A second version of the text is given at the back of the book, without the distraction of tashkeel and translations, for those who are up to the challenge.

Visit the **Egyptian Arabic Readers** hub at **www.lingualism.com/ear**, where you can find:

- **free accompanying audio** to download or stream (at variable playback rates)

- a **guide** to the Lingualism orthographic (spelling and tashkeel) system

- a **blog** with tips on using our Egyptian Arabic readers to learn effectively

كإنيّ ببُصّ في المرِايَة

أنا داليدا علي مُحمّد. السِّنّ ٣٠ و المِهْنة التّصْوير. بِنْت[1] عادية جِدّاً بأحْلام كِبيرة. حُبّي لِتصْوير أصْبح الشُّغْل اللي بحِبّ أتْعب فيه. بحِبّ أصوّر الشَّوارِع و النّاس و الحَياة بِأشْكالْها المُخْتلِفة. التّصْوير زيّ كِتابةْ القِصّة. الفرْق إنّ الكِتابة بِتِـرْسم صورة بِالكلِمات و الصّورة بِتِحْكي قِصّة مِن غيرْ كلِمات. و دي قِصِّتي.

❖ ❖ ❖

يوْم ٢٦ ديسِمْبِر ٢٠٢٠[2]

"ماما، أنا هنْزِل أصوّر." قُلْت أنا و أنا بلْبِس جزْمِتي عنْد باب الشّقّة.

"تمام، خلّي بالِك على نفْسِك."

"حاضِر يا ماما!"

"و متِتْأخّريش عشان نِتْغدّى سَوا."

"تمام يا حبيبْتي."

Like Looking in a Mirror

I am Dalida Ali Muhammad. Thirty years old. Profession: photography. A very ordinary girl with big dreams. My love of photography has become the work that I love getting exhausted over. I love to photograph the streets, people, and life in its all its variety. Photography is like writing a story. The difference is that writing draws a picture with words, and a picture tells a story without words. This is my story.

December 26, 2020

"Mom, I'm going out to take pictures," I said, putting on my shoes at the [front] door of the apartment.

"Okay, be careful."

"Yes, Mom!"

"And don't be late, so we can have lunch together."

"Okay, my dear."

---

[1] بِنْت *girl* can refer to a child, but also, as here, can refer to a young woman. Likewise, وَلَد *boy* can mean *young man, guy*.

[2] عِشْرين عِشْرين or أَلْفيْن و عِشْرين ٢٠٢٠

❖ ❖ ❖

بعْد ساعة:

وَصلْت وِسْط البلد. بحِبّ وِسْط البلد لإِنّها مِن الشَّوارِع القديمة و اللي بِتْصوّر مصْر زمان و كإِنّها لوْحة مرْسومة أَوْ صورة لِأيّام زمان و التّاريخ اللي بِنْشوفُه في المُسلْسلات أَوْ بِنِقْراه في الكُتُب أَوْ بِنِسْمع عنُّه في الحِكايات.

في إيدي الكاميرا و بتْمشّى أدوّر على اللّحْظة اللي عايْزاها و اللي تْكون مُخْتلِفة. و فجْأة شُفْت ناس كتِير واقْفين يِتْفرّجوا على حاجة أَوْ حدّ، مِش عارْفة أيْه. قرّبْت عشان أعْرف و لقيْت اللي كُنْت بدوّر عليْه: بِنْت بِتْمثِّل تمْثيل صامِت. "غريبة يْكون فيه حدّ لِسّه مُهْتمّ بِالتّمْثيل الصّامِت في ٢٠٢٠!"

معْرِفْتِش أصوّرْها لإِنّ وِشّها مكانْش بايِن. حضّرْت الكاميرا و اِسْتنّيْت لمّا أحِسّ إنّ الوَقْت مُناسِب عشان أصوّر. و لمّا صوّرْت كان أغْرب حاجة أشوفْها في حَياتي. كُلِّنا بْنِسْمع عن المثل "يِخْلق مِن الشّبهْ أرْبِعين." عُمْري ما صدّقْت إنّ مُمْكِن يِكون فيه حدّ في العالم ده كُلُّه شبهْ التّاني و مُؤْمِنة إنّ ربِّنا خلقْنا مُخْتلْفين.

An hour later:

I reached downtown. I love downtown because it has old streets, and it depicts the Egypt of old, as if it were a painting or a picture of days of old and the history that we see in TV series, or we read about in books, or we hear about in stories.

The camera is in my hand as I'm walking around and looking for the moment that I want and which is different. Suddenly, I saw many people standing, looking at something or someone. I don't know. I got closer to find out, and I found what I was looking for: a girl performing mime. "Strange that there is someone still interested in miming in 2020!"

I couldn't photograph her because her face wasn't visible. I got the camera ready and waited until I felt the time was right to take pictures. And when I took a picture, it was the strangest thing I've seen in my life. We've all heard the proverb "[God] creates forty [people] who look the same." I never thought that it would be possible for someone in this world to look identical to another, and I believed that our Lord has created us [to be] different.

فِضِلْت بتْفرّج على البِنْت و عيْني مفْتوحين أوي مِن الدّهْشة، و كإنّي ببُصّ في المِرايَة، و كإنّي شايْفة صورْتي في المِرايَة بسّ بِلِبْس مُخْتلِف. إحْنا الاِتْنينْ نُسْخِةْ طِبْق الأصْل، و كإنّ فيه مِرايَة قُدّامي.

لمّا العرْض خِلِص و النّاس بدأِت تِمْشي و البِنْت بِتْلِمّ حاجِتْها. قرّرْت أكلِّمْها و أعْرف مين هِيَّ و أخلّيها تْشوف إنِّنا شبهْ بعْض.

محسّيْتْش بِنفْسي[1] غيرْ و أنا واقْفة قُدّامْها. البِنْت وِقِفْت و نفْس تعْبير الدّهْشة اللي حسّيْتُه أنا هِيَّ كمان حسِّتُه. و وْقِفْنا ساكْتين لِمُدّة يِمْكِن ثَواني و يِمْكِن ساعات، مِش عارْفة قدّ أيْه المُدّة بسّ حسّيْتْها مُدّة طَويلة جِداً.

"إنْتي مين؟!" البِنْت كسرِت جوّ السُّكوت اللي كُنّا فيه و سألِتْني.

"أنا داليدا و إنْتي؟"

"علْيا."

"إزّاي إحْنا الاِتْنينْ شبهْ بعْض كِده يا علْيا؟!"

"مِش عارْفة."

I kept looking at the girl with my eyes wide open in amazement, as if I was looking in a mirror, as if I was seeing my image in the mirror but dressed differently. We both are replicas, as if there was a mirror in front of me.

When the show was over and the people started walking [away], the girl was collecting her things. I decided to talk to her, find out who she is, and let her see that we look like each other.

I wasn't aware of myself until I was standing in front of her. The girl stood [there], and the same expression of surprise that I felt she felt, too. We stood silent for a while, maybe seconds or maybe hours. I don't know how long, but I felt it was a very long time.

"Who are you?!" The girl broke the silence we were in and asked me.

"I'm Dalida. And you?"

"Alia."

"How is it that we both resemble each other, Alia?!"

"I don't know."

---

[1] lit. *I didn't feel myself*; here, it means that she doesn't even remember approaching the girl because she was dumbfounded.

صوْتْها شبهْ صوْتي بِشُوَيّة اِخْتِلاف بسيط. عيْنيْها و شعْرها نفْس لوْن شعْري و عيْنيّا، نفْس الطّول و حتّى نفْس شكْل الجِسْم. كُلّ حاجة فينا شبهْ بعْض.

"وَلا أنا. حاسّة يِمْكِن مكُنّاش هنِعْرف لَوْ متْقابِلْناش النّهارْده. يِمْكِن نصيبْنا نِتْقابِل عشان نِعْرف الشّبهْ اللي بيْنّا ده سببُه أيْه."

"مُمْكِن... عنْدِك حق."

"علْيا، مُمْكِن نُقْعُد في مكان و نِتْكلِّم؟"

"تمام!"

اِسْتنّيْتْها تْلِمّ حاجِتْها في شنْطِةْ إيد بِتاعِةْ رِياضة. بصّيْت شُوَيّة لقيْت إنّها مِش بِتْلِمّ فِلوس مِن النّاس عشان يِتْفرّجوا عليْها زيّ ما بِنْشوف في بِلاد برّه[1]. مِش عارْفة إذا كان النّاس مِش عايْزة تِدّيها فِلوس وَلّا هِيَّ مِش بِتِعْمِل كِده عشان الفِلوس.

"إنْتي مِش بِتْلِمّي فِلوس مِن النّاس عشان شافوا العرْض بِتاعِك؟"

علْيا قالِت: "لأ، مِش بلِمّ فِلوس. العرْض مجّاناً لِلجّمْهور عشان يِشوفوا فنّ مُخْتلِف و حِلْو."

Her voice resembled my voice with just a slight difference. Her eyes and hair were the same color as my eyes and hair, the same height, and even the same body shape. Everything about us was similar to each other.

"Me either. I think that maybe we wouldn't have ever known if we hadn't met today that it's our fate to meet and find out what the reason is we look like each other."

"Maybe... you're right."

"Alia, can we sit somewhere and talk?"

"All right!"

I waited for her to put her things in a duffle bag. I looked and saw that she hadn't collected money from people for watching her like we see in countries overseas. I didn't know if people didn't want to give her money or if she wasn't doing this for money.

"Do you not collect money from people for watching your performance?"

Alia said, "No, I don't collect money. The show is free for the public to see different and nice art."

---

[1] Busking is not common in Egypt.

❖ ❖ ❖

بعْد نُصّ ساعة في المطْعم:

"تحِبّي تاكْلي حاجة؟" سألِت علْيا و هِيَّ لِسّه بِتْشوف مينْيو المطْعم.

"لأ هطْلُب قهْوَة بسّ."

"تمام، أنا كمان. بِتِشْربي قهْوَة أيْه؟ بشْربْها كابُتْشينو، بِقهْوَة وَسط و اللّبن خالي الدّسم و الرّغْوَة كِتير."

بصّيْتْلها فجْأة و سألِتْني: "أيْه؟ أنا طلبْت حاجة غلط؟"

"لأ خالِص، أصْل أنا بشْربْها كِده برْضُه."

"بِجدّ؟" اِبْتسمِت و كإنّها فرِحِت إنّ فيه حدّ بِيْشارِكْها نفس ذوْقْها.

"أه بِجدّ."

طلبْنا القهْوَة. و فِضِلْنا ساكْتين شُوَيّة، لكِن قرّرْت إنّي أبْدأ الكلام.

"علْيا، أنا إسْمي داليدا، مُصوِّرة و عنْدي ٣٠ سنة. بحِبّ أصوّر النّاس و الشَّوارِع و أدوّر عن القِصص المُخْتلِفة و أحْكي عنْها. قوليلي إنْتي مين و منيْن؟"

"أنا علْيا، عنْدي ٣٠ سنة برْضُه. و بمثِّل في المسْرح لكِن في الوَقْت الفاضي بعْمِل عُروض تمْثيل صامِت في الشَّوارِع زيّ ما شُفْتي كِده."

After half an hour in the restaurant:

"Would you like to eat something?" Alia asked me while she was still looking at the restaurant's menu.

"No, I'll just have coffee."

"Okay, me too. What coffee do you drink? I drink cappuccino, with medium-roast coffee, skim milk, and lots of foam."

I suddenly looked at her, and she asked me: "What? Did I ask for the wrong thing?"

"Not at all. Actually, I drink it like this, too."

"Seriously?" She smiled as if she was happy that someone shared her same taste.

"Yeah, seriously."

We ordered the coffee. Then we remained silent for a bit, but I decided to start talking.

"Alia, my name is Dalida, a photographer, and I'm 30 years old. I love to photograph people and the streets and to look for different stories and tell about them. Tell me who are you and where you are from."

"I am Alia. I'm 30 years old, too. And I perform in the theater, but in my free time, I do mime shows in the streets as you saw."

"ليْه؟"

"عشان بحِبُّه، و بَوَصّل نوْع مِن الفنّ مُخْتلِف لِلنّاس، حِلْمي إنيّ أعْمِل مسْرح لِلتّمْثيل الصّامِت."

"حِلْو أوي!"

"شُكْراً."

جت بِنْت و حطِّت القهْوَة بِتاعِتْنا و سألِتْنا إنّ كُنّا مِحْتاجين حاجة تانْيَة. شكرْتها و قُلْتِلْها إنِّنا مِش مِحْتاجين حاجة.

"علْيا، مين أهْلِك و أيْه قِصِّتِك؟"

"أنا أهْلي ماتوا في حادْثة مِن خمس سِنين..."

"أنا آسْفة، الله يِرْحمْهُم."

"وَلا يِهِمِّك، المُهِمّ أنا درسْت تمْثيل و قرّرْت أشْتغل في المسْرح و أعْمِل فيدِيوهات على اليوتيْوب. و بعْد كِده جتْلي فِكْرِةْ إنيّ أعْمِل عُروض تمْثيل صامِت في الشّوارِع و أصوّرْها و أنْشُرْها."

و هِيَّ بِتِتْكلِّم اِفْتكرْت و أنا صُغيرّة أوي حَوالي أرْبع أَوْ خمس سِنين، كُنْت بلْعب معَ بِنْت شبهي و كإنيّ بشوف ذِكْريات أَوْ أحْلام مِش عارْفة و أفْكاري مِلخْبطة.

"Why?"

"Because I love it, and I communicate a different type of art to people. My dream is to make a theater for miming."

"Very nice!"

"Thank you."

A girl came and set down our coffee and asked us if we needed anything else. I thanked her and told her that we didn't need anything.

"Alia, who is your family, and what is your story?"

"My family died in an accident five years ago..."

"I'm sorry. May God have mercy on them."

"Never mind. Anyway, I studied acting and decided to work in theater and make videos on YouTube. After that, I got the idea to put on miming performances on the streets, film, and publish them."

While she was speaking, I remembered when I was young, about four or five years old, that I used to play with a girl that looked like me, as if I saw memories or dreams, I don't know, and my thoughts were muddled.

"تِعْرفي إنيّ حاسّة إنيّ أعْرفِك!"

"و أنا كمان و لِحدّ دِلْوَقْتي مِش فاهْمة الشّبهْ ده إزّاي؟"

"وَلا أنا فاهْمة يا علْيا."

علْيا مِسْكِت كوبّايةْ القهْوَة و شِرْبِت مِنْها شُوَيّة. و بصِّتْلي و قالِت:

"داليدا، هُوَّ مُمْكِن نِكون إخْوات؟"

بصّيْتْلها و سِكِتّ شُوَيّة و كُلّ تفْكيري لَوْ هِيَّ فِعْلاً أُخْتي ليْه مترْبّيْناش سَوا؟ و ليْه بِعِدْنا عن بعْض؟ و مين أهْلِنا الحقيقِيّين. أهْلها وَلّا أهْلي؟

"مُمْكِن..." في الآخِر اِتْكلِّمْت و أنا بشْرب قَهْوِتي.

"أنا أهْلى مِش مَوْجودين عشان أسْألْهُم بسّ لَوْ أهْلِك مَوْجودين مُمْكِن نِعْرف مِنْهُم. أيْه رأْيِك؟"

"مُمْكِن يا علْيا. هُوَّ أصْلاً مفيش حلّ أحْسن عشان نِعْرف الشّبهْ اللي بيْنّا ده أيْه؟!"

"و لَوْ مطْلِعْناش إخْوات، معْقول المثل يِطْلع صحّ؟"

"تُقْصُدي مثل (يِخْلق مِن الشّبهْ أرْبعين)؟!" ضِحِكْت و أنا بسْألْها.

و هِيَّ كمان ضِحْكِت و قالِت: "آه!"

"You know, I feel that I know you!"

"Me, too. And up to now, I still don't understand how there could be such a resemblance."

"I don't understand either, Alia."

Alia picked up the cup of coffee and drank a little from it. She looked at me and said:

"Dalida, is it possible that we're sisters?"

I looked at her and fell silent for a while. And all my thoughts were, *If she really is my sister, why weren't we raised together? Why were we separated from each other? Who are our real parents? Her parents or my parents?*

"Maybe..." I finally said and took a drink of my coffee.

"My parents aren't around to ask, but if your parents are alive, we might find out from them. What do you think?"

"Maybe, Alia. There is actually no better way to find out why there's this resemblance!"

"And if we turn out not to be sisters, is it reasonable that the proverb is right?"

"You mean the proverb "[God] creates forty [people] who look the same"? I asked her and laughed.

And she also laughed and said: "Yeah!"

"هتْكون أوِّل مرّة في حَياتي أشوفْها."

"و أنا كمان."

ضِحِكْنا سَوا و في اللّحْظة دي حسّيْت بِراحة غريبة أوي و كإنّي لقيْت حدّ كان غايِب بقالُه سِنين عنّي أَوْ لقيْت صديقة شبهي بِمعْنى الكِلْمة!

سِكِتْنا تاني و كإنّ الكلام خِلِص، أَوْ الكلام مِش مُناسِب في اللّحْظة دي. و عشان أكْسر السُّكوت ده بدأْت أتْكلِّم عن طُفولْتي و أحْلامي.

"تِعْرفي يا علْيا، أنا بحِبّ التّصْوير أوي. و أنا صُغيّرة كُنْت بمْسِك كاميرةْ بابا القديمة و أخلّص كُلّ الفيلْم اللي فيها مِن التّصْوير."

علْيا ضِحْكِت و قالِت: "أمّا أنا بقى، كُلّ ما أشوف فيلْم أفْضل أمثِّلُه في البيْت لِحدّ ما يِتِعْبوا مِنّي أَوْ أشوف الفيلْم اللي بعْدُه."

ضِحِكْنا سَوا و حسّيْت إنِّنا بِنْقرّب لِبعْض بِسُرْعة[1].

"علْيا قوليلي، بِتْحِبّي تِقْري؟"

"أه، بحِبّ أقْرا جِدّاً."

"و أنا كمان. بِتْحِبّ تِقْري أنْواع أيْه مِن الكُتُب؟"

"الرّومانْسية و الدِّراما. و إنْتي بِتْحِبّي تِقْري أيْه؟"

"البوليسية، الدِّراما و أَوْقات الرّومانْسية."

"It will be the first time in my life that to see that."

"Me, too."

We laughed together, and at this moment I felt a strange comfort, as if I had met someone who had been missing from me for years, or had met a friend who was identical to me, literally!

We fell silent again, as if there was nothing to say or that words were not appropriate at that moment. And in order to break this silence, I started talking about my childhood and my dreams.

"You know, Alia, I love photography very much. When I was young, I used to hold my dad's old camera and finish all the film in it from taking pictures.

Alia laughed and said, "As for me, whenever I would see a movie, I'd act it out at home until they were tired of me or until I saw the next movie."

We laughed and felt we were really clicking.

"Alia, tell me, do you like to read?"

"Yes, I really love to read."

"Me, too. What kinds of books do you like to read?

"Romance and drama. And what do you like to read?"

"Mysteries, drama, and sometimes romance."

---

[1] lit. get close to each other quickly

"أيْه فيلْمِك المفُضّل عربي و إنْجِليزي؟" علْيا سألِت.

"بحِبّ فيلْم (صِراع في الوادي[1])، ده العربي، و الإنْجِليزي بحِبّ (ذهبَ معَ الرّيح[2])."

"أنا كمان بحِبّ الفيلْميْن دوْل أوي."

"بِجدّ يا علْيا! إحْنا شبهْ بعْض في حاجات كِتير الواضِح."

"الواضِح كِده يا داليدا."

فاتِت تلات ساعات بِنْكلِّم عن طُفولِتْنا و حَياتْنا أنا و علْيا مِن غيرْ ما نْحِسّ. و كانِت خِطط يوْمي إنيّ أصوّر، لكِن القدر خلّاني ألاقي قِصّة مُخْتلِفة، صورة و صوْت و كلام.

قرّرْنا نمِْشي بعْد ما أخدْنا تِليفوْنات بعْض.

"سلام، هنِتْكلِّم تاني و نِتْقابِل، صحّ يا داليدا؟"

"أكيد يا علْيا!"

"What are your favorite Arabic and English-language movies?" Alia asked.

"I love 'The Blazing Sun' for Arabic, and for the English-language film, I love 'Gone with the Wind'."

"I also really love those two movies."

"Seriously, Alia! We are similar to each other in many things, apparently."

"Clearly, Dalida."

Three hours passed as we talked about our childhoods and our lives, Alia and I, without us feeling it. My plans for the day had been to take pictures, but fate let me find a different story—in pictures, sound, and words.

We decided to part after we exchanged phone numbers.

"Goodbye! We'll talk again and meet, right, Dalida?

"For sure, Alia!"

---

[1] The movie's English title is 'the Blazing Sun,' but the original title is literally 'a Struggle in the Valley.'

[2] The Arabic title is Modern Standard Arabic. ذهبَ is راح in Egyptian Arabic.

❖ ❖ ❖

رِجِعْت بيْتي و أنا جُوّايا مِلْيوْن سُؤال. جُوّايا كِتير مِن الأسْئِلة و مكانْش قُدّامي حلّ غيرْ أواجِهْ أهْلي بِكُلّ أسْئِلْتي! مِش عارْفة ردّ فِعْلُهُم أيْه؟ وَلا عارْفة الكلام هَيِوْصل لِأيْه. لكِن عارْفة إنّ المُواجْهة أوْقات بِتْكون أحْسن حلّ.

كُلّ اللي يِعْرفْني، يِعْرف عنّي إنّي بحِبّ المُواجْهة و الصّراحة، و إنُّهُم أحْسن حلّ لِكُلّ المشاكِل، لكِن الكِدْب و الهُروب مِش حلّ، بِالعكْس بِيْزوِّدوا المُشْكِلة.

"ماما، أنا رِجِعْت."

"داليدا حبيبْتي، أنا بتْفرّج على التِّليفزيوْن، تعالي."

دخلْت أوضِةْ الجُلوس و قعدْت جنْب ماما على الكنبة.

"ماما عايْزاكي في مَوْضوع."

ماما قفلِت التِّليفِزْيوْن و بصِّتْلي.

"داليدا، فيه أيْه؟ صوْتِك غريب."

"غريب إزّاي؟"

"غريب كإنِّك زعْلانة أَوْ مِتْعصّبة أَوْ الاِتْنيْن!"

❖ ❖ ❖

I went back home with a million questions inside me. Inside me, there were many questions, and I had no solution other than to confront my parents with all of my questions! I didn't know what their reaction would be, nor did I know what talking would lead to. But I know that facing things head-on is sometimes the best solution.

Everyone who knows me knows that I love confrontation and candor and [think] that they are the best solution to all problems, while lying and avoidance are not a solution. On the contrary, they exacerbate the problem.

"Mom, I'm back."

"Dalida, my love. I'm watching TV. Come!"

I went into the living room and sat next to Mom on the sofa.

"Mom, I need to talk to you."

Mom turned off the TV and looked at me.

"Dalida, what is it? You sound strange."

"Strange how?"

"Strange as if you are upset, or angry, or both!"

فتحْت شنْطِتي و طلّعْت الكاميرا و فتحْتها.

"ماما، بُصّي في الصُّوَر دي."

"مِن إمْتى بِتْوَرّيني صُوَرِك قبْل ما تِشْتغلي عليْهُم و تِطْبعيهُم؟"

"بُصّي بسّ يا ماما!"

أخدِت الكاميرا مِنّي و بدأِت تِتْفرّج على الصُّوَر. معَ كُلّ صورة تعْبير وِشّها بيِتْغيرّ و عيْنيْها مُنْدهِشة مِن اللي بِتْشوفُه و بدأِت الدُّموع تِنْزِل مِن عيْنيْها و هِنا عِرِفْت إنّها تِعْرف الحقيقة!

"مين دي يا داليدا؟ إنْتي صوّرْتي نفْسِك؟"

و كإنّها بِتْغيرّ الكلام أَوْ مِش مِصدّقة اللي شافِتُه.

"دي مِش أنا يا ماما. دي علْيا!"

"مين؟"

"علْيا، مُمثِّلةْ مسْرح و بِتِعْمِل عُروض تمْثيل صامِت في الشّارِع و تِصوّرْها و تِنزِّلْها على اليوتْيوب."

"مِش مُمْكِن..." ماما قالِت بِصوْت مِش مسْموع أوي، بسّ أنا سِمِعْتها.

"هُوَّ أيْه اللي مِش مُمْكِن؟"

I opened my bag, took out my camera, and turned it on.

"Mom, look at these pictures."

"Since when do you show me your photos before you work on them and print them?

"Just look, Mom!"

She took the camera from me and started to look at the photos. With each picture, her expression changed, and her eyes were amazed at what she saw. Tears began to descend from her eye, and at that instant, I realized that she knew the truth!

"Who is this, Dalida? Were you photographing yourself?"

It was as if she was changing the topic or didn't believe what she was seeing.

"That's not me, Mom. It's Alia!"

"Who?"

"Alia, a theater actress who does mime performances in the street, films, and uploads them to YouTube."

"It isn't possible..." Mom said, barely audibly, but I heard her.

"What isn't possible?"

ماما فِضْلِت ساكْتة و تِشوف الصُّوَر شُوَيّة و شُوَيّة تانْيَة تِبْصِّلي.

"ماما، فيه أيْه؟ لَوْ سمحْتي قوليلي!"

كُلّ اللي كان نِفْسي فيه إنّها تِتْكلِّم. سِمِعْت صوْت بابا داخِل البيْت و جِهْ يِسلِّم عليْنا. ماما قامِت مِن على الكنبة و إدِّتْه الكاميرا و عيْنيْها ملْيانة دُموع و كإنّها خلاص هتْعيّط.

بابا مِسِك الكاميرا و هُوَّ مِسْتغْرب و شاف الصُّوَر و نفْس تعابير ماما هُوَّ كمان حصلُّه زيّها و سألْني: "مين دي يا داليدا؟"

"علْيا، يا بابا!"

فِضِل السُّكوت لِلحْظة، نفْس السُّكوت اللي حصل بيْني و بيْن علْيا، و برْضُه مِش عارْفة السُّكوت ده فِضِل قدّ أيْه لِحَدّ ما بابا حطّ إيدُه على كِتْف ماما و قال: "لازِم نِقولّها، هِيَّ كِبْرِت و لازِم تِعْرف."

"أعْرف أيْه؟ إنْتو مِخبّين أيْه عنّي؟"

ماما فِضْلِت ساكْتة و بابا بدأ يِتْكلِّم. كُلّ اللي حسّيْتُه في اللّحْظة دي هُوَّ الخوْف مِن اللي هسْمعُه.

"داليدا، مُمْكِن تُقْعُدي؟"

Mom remained silent and looked at the pictures for a while, and then she looked at me for a while.

"Mom, what is it? Please, tell me!"

All I wanted was for her to speak. I heard Dad come home and greeted us. Mom stood up from the sofa and gave him the camera, her eyes full of tears, as if she were going to cry.

Dad held the camera, confused as he saw the pictures, and the same expressions that Mom had also played out [on his face]."Who is this, Dalida?"

"Alia, Dad!"

Silence lingered for a moment, the same silence that happened between Alia and me. And I also didn't know how long that silence went on for until Dad put his hand on Mom's shoulder and said: "We have to tell her. She is grown, and she should know."

"Know what? What are you hiding from me?"

Mom kept quiet, and Dad began to speak. All I felt at the moment was the fear of what I would hear.

"Dalida, could you sit down?"

قعدْت عَ الكنبة و بابا قعد جنْبي و ماما قعدِت عَ الكُرْسي اللي جنْب الكنبة.

"لمّا اِتْوَلدْتي كان عنْدِك تَوْأم."

عيْني دمّعِت و بابا أخد نفس و كمِّل كلام:

"بِنْتيْن تَوْأم شبهْ بعْض في كُلّ حاجة. كُلّ حاجة كانِت حِلْوَة و كُنّا مبْسوطين بيكي إنْتي و أُخْتِك. و بعْد ما ماما فِضْلِت في المُسْتشْفى معاكو عشان الدُّكْتور يِشوف حالِتْكو الصِّحّية فترِةْ أُسْبوع. كُلّ حاجة كانِت تمام و رجِعْنا بيْتْنا في وِسْط البلد، بيْتْنا القديم قبْل ما نِنْقِل هِنا. شُفْناكو بِتِكْبروا سَوا سنة وَرا سنة و إنْتو الاِتْنين متِتْفرّقوش عن بعْض[1]... لِحدّ ما عُمْركو بقى أرْبع سِنين و بعْد عيد ميلادْكو بِشهْر، أخدْناكو عنْد جِدِّتْكو في الفَيّوم. في الطّريق جِهْ راجِل و فتح العربية و خطف أُخْتِك."

و قبْل ما يِكمِّل فجْأة قُلْت بِعصبية: "إزّاي؟ و إنْتو كُنْتوا فيْن؟ حصل الكلام ده إزّاي؟!"

"إهْدي يا داليدا، خلّي بابا يِكمِّل." ماما قالِتْلي.

I sat on the sofa, and Dad sat beside me. Mom sat on the chair next to the sofa.

"When you were born, you had a twin."

My eyes teared up, and Dad took a breath and continued:

"Twin daughters nearly identical in everything. Everything was nice, and we were happy with you and your sister. And after your mom stayed in the hospital with you so that the doctor could observe your state of health for a week, everything was perfect, and we returned to our home downtown, our old home before we moved here. We watched you grow together, year after year. And you two were inseparable... until you were four years old. And one month after your birthday, we took you to your grandmother's in Fayoum. On the way, a man came and opened the car and kidnapped your sister.

And before he finished, I suddenly said, annoyed, "How? Where were you? How did that happen?!"

"Calm down, Dalida. Let your dad continue," Mom told me.

---

[1] lit. you didn't separate from each other

"اللي حصل إنّي وِقِفْت أشْتـري حاجات مِن سوبر مارْكِت في الطّريق، و ماما نامِت مِن التّعْب، و نِسيت إنّي أقْفل العربية و طول الوَقْت فاكِر و مِتْطمِّن محدِّش هَيِعْمِلُّكو حاجة الصُّبْح بدْري. و جهْ راجِل خطف أُخْتِك و إنْتي حاوِلْتي تِتْكلِّمي بسّ مكانْش صوْتِك واضِح لِحدّ ما مامْتِك صِحْيِت و ندهِت عليّا و على النّاس عشان يِلاقوا بِنْتِنا، بسّ كان الرّاجِل هِرِب خلاص."

"و بعْديْن؟"

"رِجِعْنا القاهِرة و إنْتي نِمْتي مِن العِياط. و طلبْنا البوليس و أهْلِنا كُلُّهُم و بدأْنا نِدوّر. يوْم وَرا يوْم و مفيش خبر و شهْر يِعدّي و سنة تِعدّي و مفيش جِديد. و بعْد أرْبع سِنين قرّر البوليس يِقول إنّها ماتِت و فقدْنا الأمل نِلاقيها و إنْتي بدأْتي تِكبري بِفِكْرِةْ إنِّك كُنْتي بِتِتخيّلي صديقة شبهِك و إنِّك عملْتيها في خَيالك عشان تِلْعب معاكي. مقْدِرْناش نِقول الحقيقة و عدِّت السِّنين في قلْبِنا فاكْرين أُخْتِك لكِن مكُنّاش عايْزينِك تِزْعلي وَلا كان قصْدِنا نِخبّي..."

"داليدا، إحْنا عِمِلْنا كِده لإِنّ مبقاش عنْدِنا أمل إنّ أُخْتِك ترْجع و عشان نِعْرف نِربّيكي. حاوِلْنا نِحوِّل الحُزْن ده لِفرح و إنِّنا منْخسّرْكيش إنْتي كمان!" ماما قالِت و هِيَّ ماسْكة إيدي و عيْنيْها زعْلانة و بِتْعيّط.

"What happened was that I stopped to buy some things from a supermarket on the way. And your mom fell asleep from exhaustion, and I forgot to lock the car. And the entire time I thought–and was certain–that no one would do something to you [especially] in the early morning. But a man came and kidnapped your sister. You tried to speak, but your voice was not loud enough, until your mom woke up and called for me and for people to find our daughter, but the man had already escaped.

"And then?"

"We returned to Cairo while you cried yourself to sleep. And we called the police and all of our family, and we started searching. Day after day after day, there was no news. A month passes, a year passes, and nothing new. After four years, the police decided to say that she was dead, and we lost hope in finding her. You started growing up with the idea that you had been imagining a friend like you–that you had made up in your imagination–to play with you. We couldn't tell [you] the truth, and the years passed as our hearts remembered your sister, but we didn't want you to be upset, nor did we mean to conceal..."

"Dalida, we did this because we had no hope that your sister would come back and so that we could raise you. We tried to turn this sadness into joy so we wouldn't lose you, too!" said Mom while holding my hand, her eyes upset and crying."

بابا مِسِك إيدي التّانْيَة و قال: "فينْ البِنْت دي دِلْوَقْتي؟"

"أنا أخدْت نمْرِتْها و اِتْكلِّمْت معاها و عِرِفْت إنّها اِتْربِّت في عيْلة كُوَيِّسة أوي و بقِت مُمثِّلةْ مسْرح، بسّ أهْلها ماتوا في حادْثة. تِعْرفوا إنّها بِتْحِبّ كُلّ حاجة شبهي أوي؟"

بابا قال: "إحْنا عايْزين نِقابِلْها."

"هكلِّمْها و نِتِّفِق نِتْقابِل."

بعْد ساعة لمّا هِدينا كُلِّنا، كلِّمْت علْيا و اِتّفقْنا نِتْقابِل في نفْس المطْعم اللي كُنّا فيه سَوا بُكْره.

❖ ❖ ❖

٢٧ ديسِمْبِر ٢٠٢٠

اِتْقابِلْنا كُلِّنا في المطْعم و لمّا علْيا شافِت أهْلى، اِسْتغْربِت في الأوِّل لإِنيّ مقُلْتِش إنُّهُم هَييجوا معايا.

"داليدا، مين دوْل؟" علْيا وِقْفِت جنْبي و قالِت بِصوْت واطي.

"دوْل أهْلي، بابا و ماما! ماما، بابا، دي علْيا!"

Dad took my other hand and said, "Where is this girl now?"

"I got her number and talked with her and found out that she grew up in a very good family and became a theater actress, but her parents died in an accident. You know, she likes all the same things—very similar to me!"

Dad said, "We want to meet her."

"I'll call her and agree to meet."

An hour later, when we had all calmed down, I called Alia and we agreed to meet tomorrow at the same restaurant we were at together.

December 27, 2020

We all met at the restaurant, and when Alia saw my parents, she was surprised at first because I hadn't said that they were coming with me.

"Dalida, who are they?" Alia stood beside me and said in a soft voice.

"They're my parents, Dad and Mom! Mom, Dad, this is Alia!"

بابا وِقِف و سلِّم على علْيا و فِضِل ماسِك إيديْها شُوَيّة و كُنْت حاسّة إنُّه نفْسُه يُحْضُنْها. ماما وِقْفِت و حضنِت علْيا. في الأوِّل علْيا اِسْتغْربِت بسّ بعْد كِده حضنِت ماما.

"أنا مبْسوطة إنيّ اِتْعرّفْت عليْكو و على داليدا."

بابا ردّ و قال: "و إحْنا يا بِنْتي."

ماما فِضْلِت ساكْتة و اِبْتسمِت بسّ.

"تِحِبّوا تُطْلُبوا أيْه؟" سألْتُهُم.

بابا قاليّ: "إنْتي عارْفاني أنا و مامْتِك بِنْحِبّ أيْه!"

علْيا قالِت: "و أنا زيّ المرّة اللي فاتِت"

اِبْتسمِت و طلبِت الطّلب. و بدأْنا نِتْكلِّم. شجّعْت بابا يِحْكي الحِكايَة. في البِدايَة علْيا كانِت هتِمْشي، لكِن أنا اِقْنعْتها تِسْمع لِلآخِر. و بعْد ما بابا خلّص الحِكايَة، علْيا عيّطِت و ماما برْضُه و قرّرْنا عشان نِتْأكِّد أكْتر مِن إنِّنا إخْوات.

أنا و علْيا قُلْنا في نفْس اللّحْظة: "خلّينا نِعْمِل تحْليل DNA!"

Dad stood up and greeted Alia and continued to hold her hands for a bit, and I felt that he wanted to embrace her. Mom stood up and hugged Alia. At first, she was surprised, but after that, she hugged Mom.

"I am glad that I met you and Dalida."

Dad replied, "Same here, my daughter."

Mom stayed quiet and just smiled.

"What would you like to order?" I asked them.

Dad said to me, "You know what your mom and I like!"

Alia said, "And for me, like last time."

I smiled and placed the order. We started talking. I encouraged Dad to tell the story. At first, Alia was going to leave, but I persuaded her to listen to the end. And after Dad finished the story, Alia cried, and Mom, too. And we decided to make sure that we were sisters.

Alia and I said at the same moment, "Let's do a DNA test!"

❖ ❖ ❖

و فِعْلاً اليوْم اللي بعْدُه عملْنا التّحْليل و في يوْم ٣١ ديسِمْبِـر طِلْعِت التّحاليل إيجابية و إنّ علْيا أُخْتي. نِهايِةْ سنة كانِت ملْيانة كِتير، و بِدايِةْ سنة بعْد ما لقيْت أُخْتي، قرّرْنا إنّ علْيا تيجي تِعيش معانا و بدأْنا نِقرّب لِبعْض و نِبْقى إخْوات و أصْحاب و كُلّ اللي فات بِنْعوّضُه سَوا و بِنْحقّق أحْلامْنا سَوا و شايْفين ضِحْكِةْ ماما و بابا كامْلة.

كُنْت زمان بحِسّ ضِحْكِتْهُم مِش كامْلة. عِرِفْت دِلْوَقْتي ليْه. عشان نُصّي التّاني كانِت تايْهة مِنِّنا. أنا و علْيا مُخْتلِفين في الأحْلام لكِن شبهْ بعْض في كُلّ حاجة و ده ريّحْنا سَوا. كُلّ واحِد عنْدُه مشاكْلُه و كُلّ واحِد بطل قِصّتُه و القِصّة دي أنا و علْيا أبْطالْها.

And indeed, the next day, we did the test, and on December 31st, the test came back positive that Alia was my sister. [It was] an end of a year that was filled with a lot [of issues], and the start of a year after I had found my sister. We decided that Alia would come live with us. And we started to get closer and become sisters and friends. And everything that we had missed, we started compensating for, achieving our dreams together, and seeing the smiles of Mom and Dad complete [because of Alia's presence].

I used to feel that their laughter was not complete. Now I know why. Because my other half was missing. Alia and I differed in dreams, but we were similar in everything else, which comforted us both. Everyone has their own problems, and everyone is the protagonist of their own story. And this story–Alia and I are its protagonists.

Arabic Text without Tashkeel

For a more authentic reading challenge, read the story without the aid of diacritics (tashkeel) and the parallel English translation.

أنا داليدا علي محمد. السن ٣٠ و المهنة التصوير. بنت عادية جدا بأحلام كبيرة. حبي لتصوير أصبح الشغل اللي بحب أتعب فيه. بحب أصور الشوارع و الناس و الحياة بأشكالها المختلفة. التصوير زي كتابة القصة. الفرق إن الكتابة بترسم صورة بالكلمات و الصورة بتحكي قصة من غير كلمات. و دي قصتي.

يوم ٢٦ ديسمبر ٢٠٢٠

"ماما، أنا هنزل أصور." قلت أنا و أنا بلبس جزمتي عند باب الشقة.

"تمام، خلي بالك على نفسك."

"حاضر يا ماما!"

"و متتأخريش عشان نتغدى سوا."

"تمام يا حبيبتي."

بعد ساعة:

وصلت وسط البلد. بحب وسط البلد لإنها من الشوارع القديمة و اللي بتصور مصر زمان و كإنها لوحة مرسومة أو صورة لأيام زمان و التاريخ اللي بنشوفه في المسلسلات أو بنقراه في الكتب أو بنسمع عنه في الحكايات.

في إيدي الكاميرا و بتمشى أدور على اللحظة اللي عايزاها و اللي تكون مختلفة. و فجأة شفت ناس كتير واقفين يتفرجوا على حاجة أو حد، مش عارفة أيه. قربت

عشان أعرف و لقيت اللي كنت بدور عليه: بنت بتمثل تمثيل صامت. "غريبة يكون فيه حد لسه مهتم بالتمثيل الصامت في ٢٠٢٠!"

معرفتش أصورها لإن وشها مكانش باين. حضرت الكاميرا و استنيت لما أحس إن الوقت مناسب عشان أصور. و لما صورت كان أغرب حاجة أشوفها في حياتي. كلنا بنسمع عن المثل "يخلق من الشبه أربعين." عمري ما صدقت إن ممكن يكون فيه حد في العالم ده كله شبه التاني و مؤمنة إن ربنا خلقنا مختلفين.

فضلت بتفرج على البنت و عيني مفتوحين أوي من الدهشة، و كإني ببص في المراية، و كإني شايفة صورتي في المراية بس بلبس مختلف. إحنا الاتنين نسخة طبق الأصل، و كإن فيه مراية قدامي.

لما العرض خلص و الناس بدأت تمشي و البنت بتلم حاجتها. قررت أكلمها و أعرف مين هي و أخليها تشوف إننا شبه بعض.

محسيتش بنفسي غير و أنا واقفة قدامها. البنت وقفت و نفس تعبير الدهشة اللي حسيته أنا هي كمان حسته. و وقفنا ساكتين لمدة يمكن ثواني و يمكن ساعات، مش عارفة قد أيه المدة بس حسيتها مدة طويلة جدا.

"إنتي مين؟!" البنت كسرت جو السكوت اللي كنا فيه و سألتني.

"أنا داليدا و إنتي؟"

"عليا."

"إزاي إحنا الاتنين شبه بعض كده يا عليا؟!"

"مش عارفة."

صوتها شبه صوتي بشوية اختلاف بسيط. عينيها و شعرها نفس لون شعري و عينيا، نفس الطول و حتى نفس شكل الجسم. كل حاجة فينا شبه بعض.

"ولا أنا. حاسة يمكن مكناش هنعرف لو متقابلناش النهارده. يمكن نصيبنا نتقابل عشان نعرف الشبه اللي بينا ده سببه أيه."

"ممكن... عندك حق."

"عليا، ممكن نقعد في مكان و نتكلم؟"

"تمام!"

استنيتها تلم حاجتها في شنطة إيد بتاعة رياضة. بصيت شوية لقيت إنها مش بتلم فلوس من الناس عشان يتفرجوا عليها زي ما بنشوف في بلاد بره. مش عارفة إذا كان الناس مش عايزة تديها فلوس ولا هي مش بتعمل كده عشان الفلوس.

"إنتي مش بتلمي فلوس من الناس عشان شافوا العرض بتاعك؟"

عليا قالت: "لأ، مش بلم فلوس. العرض مجانا للجمهور عشان يشوفوا فن مختلف و حلو."

بعد نص ساعة في المطعم:

"تحبي تاكلي حاجة؟" سألت عليا و هي لسه بتشوف مينيو المطعم.

"لأ هطلب قهوة بس."

"تمام، أنا كمان. بتشربي قهوة أيه؟ بشربها كابتشينو، بقهوة وسط و اللبن خالي الدسم و الرغوة كتير."

بصيتلها فجأة و سألتني: "أيه؟ أنا طلبت حاجة غلط؟"

"لأ خالص، أصل أنا بشربها كده برضه."

"بجد؟" ابتسمت و كإنها فرحت إن فيه حد بيشاركها نفس زوقها.

"أه بجد."

طلبنا القهوة. و فضلنا ساكتين شوية، لكن قررت إني أبدأ الكلام.

"عليا، أنا إسمي داليدا، مصورة و عندي ٣٠ سنة. بحب أصور الناس و الشوارع و أدور عن القصص المختلفة و أحكي عنها. قوليلي إنتي مين و منين؟"

"أنا عليا، عندي ٣٠ سنة برضه. و بمثل في المسرح لكن في الوقت الفاضي بعمل عروض تمثيل صامت في الشوارع زي ما شفتي كده."

"ليه؟"

"عشان بحبه، و بوصل نوع من الفن مختلف للناس، حلمي إني أعمل مسرح للتمثيل الصامت."

"حلو أوي!"

"شكرا."

جت بنت و حطت القهوة بتاعتنا و سألتنا إن كنا محتاجين حاجة تانية. شكرتها و قلتلها إننا مش محتاجين حاجة.

"عليا، مين أهلك و أيه قصتك؟"

"أنا أهلي ماتوا في حادثة من خمس سنين..."

"أنا آسفة، الله يرحمهم."

"ولا يهمك، المهم أنا درست تمثيل و قررت أشتغل في المسرح و أعمل ڤيديوهات على اليوتيوب. و بعد كده جتلي فكرة إني أعمل عروض تمثيل صامت في الشوارع و أصورها و أنشرها."

و هي بتتكلم افتكرت و أنا صغيرة أوي حوالي أربع أو خمس سنين، كنت بلعب مع بنت شبهي و كإني بشوف ذكريات أو أحلام مش عارفة و أفكاري ملغبطة.

"تعرفي إني حاسة إني أعرفك!"

"و أنا كمان و لحد دلوقتي مش فاهمة الشبه ده إزاي؟"

"ولا أنا فاهمة يا عليا."

عليا مسكت كوباية القهوة و شربت منها شوية. و بصتلي و قالت:

"داليدا، هو ممكن نكون إخوات؟"

بصيتلها و سكت شوية و كل تفكيري لو هي فعلا أختي ليه متربيناش سوا؟ و ليه بعدنا عن بعض؟ و مين أهلنا الحقيقيين. أهلها ولا أهلي؟

"ممكن..." في الآخر اتكلمت و أنا بشرب قهوتي.

"أنا أهلي مش موجودين عشان أسألهم بس لو أهلك موجودين ممكن نعرف منهم. أيه رأيك؟"

"ممكن يا عليا. هو أصلا مفيش حل أحسن عشان نعرف الشبه اللي بينا ده أيه؟!"

"و لو مطلعناش إخوات، معقول المثل يطلع صح؟"

"تقصدي مثل (يخلق من الشبه أربعين)؟!" ضحكت و أنا بسألها.

و هي كمان ضحكت و قالت: "أه!"

"هتكون أول مرة في حياتي أشوفها."

"و أنا كمان."

ضحكنا سوا و في اللحظة دي حسيت براحة غريبة أوي و كإني لقيت حد كان غايب بقاله سنين عني أو لقيت صديقة شبهي بمعنى الكلمة!

سكتنا تاني و كإن الكلام خلص، أو الكلام مش مناسب في اللحظة دي. و عشان أكسر السكوت ده بدأت أتكلم عن طفولتي و أحلامي.

"تعرفي يا عليا، أنا بحب التصوير أوي. و أنا صغيرة كنت بمسك كاميرة بابا القديمة و أخلص كل الفيلم اللي فيها من التصوير."

عليا ضحكت و قالت: "أما أنا بقى، كل ما أشوف فيلم أفضل أمثله في البيت لحد ما يتعبوا مني أو أشوف الفيلم اللي بعده."

ضحكنا سوا و حسيت إننا بنقرب لبعض بسرعة.

"عليا قوليلي، بتحبي تقري؟"

"أه، بحب أقرا جدا."

"و أنا كمان. بتحب تقري أنواع أيه من الكتب؟"

"الرومانسية و الدراما. و إنتي بتحبي تقري أيه؟"

"البوليسية، الدراما و أوقات الرومانسية."

"أيه فيلمك المفضل عربي و إنجليزي؟" عليا سألت.

"بحب فيلم (صراع في الوادي)، ده العربي، و الإنجليزي بحب (ذهب مع الريح)."

"أنا كمان بحب الفيلمين دول أوي."

"بجد يا عليا! إحنا شبه بعض في حاجات كتير الواضح."

"الواضح كده يا داليدا."

فاتت تلات ساعات بنكلم عن طفولتنا و حياتنا أنا و عليا من غير ما نحس. و كانت خطط يومي إني أصور، لكن القدر خلاني ألاقي قصة مختلفة، صورة و صوت و كلام.

قررنا نمشي بعد ما أخدنا تليفونات بعض.

"سلام، هنتكلم تاني و نتقابل، صح يا داليدا؟"

"أكيد يا عليا!"

❖ ❖ ❖

رجعت بيتي و أنا جوايا مليون سؤال. جوايا كتير من الأسئلة و مكانش قدامي حل غير أواجه أهلي بكل أسئلتي! مش عارفة رد فعلهم أيه؟ ولا عارفة الكلام هيوصل لأيه. لكن عارفة إن المواجهة أوقات بتكون أحسن حل.

كل اللي يعرفني، يعرف عني إني بحب المواجهة و الصراحة، و إنهم أحسن حل لكل المشاكل، لكن الكدب و الهروب مش حل، بالعكس بيزودوا المشكلة.

"ماما، أنا رجعت."

"داليدا حبيبتي، أنا بتفرج على التليفزيون، تعالي."

دخلت أوضة الجلوس و قعدت جنب ماما على الكنبة.

"ماما عايزاكي في موضوع."

ماما قفلت التليفزيون و بصتلي.

"داليدا، فيه أيه؟ صوتك غريب."

"غريب إزاي؟"

"غريب كإنك زعلانة أو متعصبة أو الاتنين!"

فتحت شنطتي و طلعت الكاميرا و فتحتها.

"ماما، بصي في الصور دي."

"من إمتى بتوريني صورك قبل ما تشتغلي عليهم و تطبعيهم؟"

"بصي بس يا ماما!"

أخدت الكاميرا مني و بدأت تتفرج على الصور. مع كل صورة تعبير وشها بيتغير و عينيها مندهشة من اللي بتشوفه و بدأت الدموع تنزل من عينيها و هنا عرفت إنها تعرف الحقيقة!

"مين دي يا داليدا؟ إنتي صورتي نفسك؟"

و كإنها بتغير الكلام أو مش مصدقة اللي شافته.

"دي مش أنا يا ماما. دي عليا!"

"مين؟"

"عليا، ممثلة مسرح و بتعمل عروض تمثيل صامت في الشارع و تصورها و تنزلها على اليوتيوب."

"مش ممكن..." ماما قالت بصوت مش مسموع أوي، بس أنا سمعتها.

"هو أيه اللي مش ممكن؟"

ماما فضلت ساكتة و تشوف الصور شوية و شوية تانية تبصلي.

"ماماK فيه أيه؟ لو سمحتي قوليلي!"

كل اللي كان نفسي فيه إنها تتكلم. سمعت صوت بابا داخل البيت و جه يسلم علينا. ماما قامت من على الكنبة و إدته الكاميرا و عينيها مليانة دموع و كإنها خلاص هتعيط.

بابا مسك الكاميرا و هو مستغرب و شاف الصور و نفس تعابير ماما هو كمان حصله زيها و سألني: "مين دي يا داليدا؟"

"عليا، يا بابا!"

فضل السكوت للحظة، نفس السكوت اللي حصل بيني و بين عليا، و برضه مش عارفة السكوت ده فضل قد أيه لحد ما بابا حط إيده على كتف ماما و قال: "لازم نقولها، هي كبرت و لازم تعرف."

"أعرف أيه؟ إنتو مخبين أيه عني؟"

ماما فضلت ساكتة و بابا بدأ يتكلم. كل اللي حسيته في اللحظة دي هو الخوف من اللي هسمعه.

"داليدا، ممكن تقعدي؟"

قعدت ع الكنبة و بابا قعد جنبي و ماما قعدت ع الكرسي اللي جنب الكنبة.

"لما اتولدتي كان عندك توأم."

عيني دمعت و بابا أخد نفس و كمل كلام:

"بنتين توأم شبه بعض في كل حاجة. كل حاجة كانت حلوة و كنا مبسوطين بيكي إنتي و أختك. و بعد ما ماما فضلت في المستشفى معاكو عشان الدكتور يشوف حالتكو الصحية فترة أسبوع. كل حاجة كانت تمام و رجعنا بيتنا في وسط البلد، بيتنا القديم قبل ما ننقل هنا. شفناكو بتكبروا سوا سنة ورا سنة و إنتو الاتنين متتفرقوش عن بعض... لحد ما عمركو بقى أربع سنين و بعد عيد ميلادكو بشهر، أخدناكو عند جدتكو في الفيوم. في الطريق جه راجل و فتح العربية و خطف أختك."

و قبل ما يكمل فجأة قلت بعصبية: "إزاي؟ و إنتو كنتوا فين؟ حصل الكلام ده إزاي؟!"

"إهدي يا داليدا، خلي بابا يكمل." ماما قالتلي.

"اللي حصل إني وقفت أشتري حاجات من سوبر ماركت في الطريق، و ماما نامت من التعب، و نسيت إني أقفل العربية و طول الوقت فاكر و متطمن محدش هيعملكو حاجة الصبح بدري. و جه راجل خطف أختك و إنتي حاولتي تتكلمي بس مكانش صوتك واضح لحد ما مامتك صحيت و ندهت عليا و على الناس عشان يلاقوا بنتنا، بس كان الراجل هرب خلاص."

"و بعدين؟"

"رجعنا القاهرة و إنتي نمتي من العياط. و طلبنا البوليس و أهلنا كلهم و بدأنا ندور. يوم ورا يوم و مفيش خبر و شهر يعدي و سنة تعدي و مفيش جديد. و بعد أربع سنين قرر البوليس يقول إنها ماتت و فقدنا الأمل نلاقيها و إنتي بدأتي تكبري بفكرة إنك كنتي بتتخيلي صديقة شبهك و إنك عملتيها في خيالك عشان تلعب معاكي. مقدرناش نقول الحقيقة و عدت السنين في قلبنا فاكرين أختك لكن مكناش عايزينك تزعلي ولا كان قصدنا نخبي..."

"داليدا، إحنا عملنا كده لإن مبقاش عندنا أمل إن أختك ترجع و عشان نعرف نربيكي. حاولنا نحول الحزن ده لفرح و إننا منخسركيش إنتي كمان!" ماما قالت و هي ماسكة إيدي و عينيها زعلانة و بتعيط.

بابا مسك إيدي التانية و قال: "فين البنت دي دلوقتي؟"

"أنا أخدت نمرتها و اتكلمت معاها و عرفت إنها اتربت في عيلة كويسة أوي و بقت ممثلة مسرح، بس أهلها ماتوا في حادثة. تعرفوا إنها بتحب كل حاجة شبهي أوي؟"

بابا قال: "إحنا عايزين نقابلها."

"هكلمها و نتفق نتقابل."

بعد ساعة لما هدينا كلنا، كلمت عليا و اتفقنا نتقابل في نفس المطعم اللي كنا فيه سوا بكره.

٢٧ ديسمبر ٢٠٢٠

اتقابلنا كلنا في المطعم و لما عليا شافت أهلي، استغربت في الأول لإني مقلتش إنهم هييجوا معايا.

"داليدا، مين دول؟" عليا وقفت جنبي و قالت بصوت واطي.

"دول أهلي، بابا و ماما! ماما، بابا، دي عليا!"

بابا وقف و سلم على عليا و فضل ماسك إيديها شوية و كنت حاسة إنه نفسه يحضنها. ماما وقفت و حضنت عليا. في الأول عليا استغربت بس بعد كده حضنت ماما.

"أنا مبسوطة إني اتعرفت عليكو و على داليدا."

بابا رد و قال: "و إحنا يا بنتي."

ماما فضلت ساكتة و ابتسمت بس.

"تحبوا تطلبوا أيه؟" سألتهم.

بابا قالي: "إنتي عارفاني أنا و مامتك بنحب أيه!"

عليا قالت: "و أنا زي المرة اللي فاتت"

ابتسمت و طلبت الطلب. و بدأنا نتكلم. شجعت بابا يحكي الحكاية. في البداية عليا كانت هتمشي، لكن أنا اقنعتها تسمع للآخر. و بعد ما بابا خلص الحكاية، عليا عيطت و ماما برضه و قررنا عشان نتأكد أكتر من إننا إخوات.

أنا و عليا قلنا في نفس اللحظة: "خلينا نعمل تحليل DNA!"

❖ ❖ ❖

و فعلا اليوم اللي بعده عملنا التحليل و في يوم ٣١ ديسمبر طلعت التحاليل إيجابية و إن عليا أختي. نهاية سنة كانت مليانة كتير، و بداية سنة بعد ما لقيت أختي، قررنا إن عليا تيجي تعيش معانا و بدأنا نقرب لبعض و نبقى إخوات و أصحاب و كل اللي فات بنعوضه سوا و بنحقق أحلامنا سوا و شايفين ضحكة ماما و بابا كاملة.

كنت زمان بحس ضحكتهم مش كاملة. عرفت دلوقتي ليه. عشان نصي التاني كانت تايهة مننا. أنا و عليا مختلفين في الأحلام لكن شبه بعض في كل حاجة و ده ريحنا سوا. كل واحد عنده مشاكله و كل واحد بطل قصته و القصة دي أنا و عليا أبطالها.

Egyptian Arabic Readers Series

www.lingualism.com/ear

Lingualism

Egyptian

Arabic

Readers

lingualism.com/ear

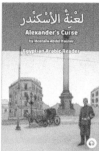

Egyptian Arabic Reader
كإني ببُص في المرايَة
Like Looking in a Mirror
by Nourhan Sabek
لعْنةْ الأسْكنْدر
Alexander's Curse
by Mostafa Abdel Nasser
Egyptian Arabic Reader
جيتار الحُبّ
The Guitar of Love
by Mohamed Sobhy
Egyptian Arabic Reader

Egyptian Arabic Reader
جَوازي صالوْنات
My Arranged Marriage
by Nourhan Sabek
Egyptian Arabic Reader
سِرّ النّجاح
The Secret of Success
by Mohamed Sobhy
Egyptian Arabic Reader
ميدان التّحْرير
Tahrir Square
by Mohamad Osman
أحْلام صامْتة
Silent Dreams
by Nourhan Sabek
Egyptian Arabic Reader
Egyptian Arabic Reader
الصّيّاد و العُمْلة المعْدنية
The Fisherman and the Coin
by Mohamed Sobhy
ديْل الكلْب مُمْكِن يِتْعِدِل
A Dog's Tale
by Mohamad Osman
Egyptian Arabic Reader
Egyptian Arabic Reader
الصّداقة وَلّا الحُبّ؟
Friendship or Love?
by Nourhan Sabek
Egyptian Arabic Reader
الدّجّال
The Charlatan
by Mohamed Sobhy
شيريهان
Sherihan
by Shaimaa Tarek
Egyptian Arabic Reader
Egyptian Arabic Reader
أمل
Hope
by Nourhan Sabek
في الصّحرا
In the Desert
by Mohamed Sobhy
Egyptian Arabic Reader
المومْيا
The Mummy
by Mohamad Osman
Egyptian Arabic Reader

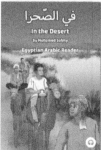

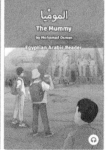